NIVEL 2

Los Pingüinos

Anne Schreiber

Washington, D.C.

Para Hannah Sage y Hannah Rose
—A.S.

Publicado por National Geographic Society, Washington, D.C. 20036.

Libro en rústica comercial: 978-1-4263-2490-1
Encuadernación de biblioteca reforzada: 978-1-4263-2491-8

Tapa: Frans Lanting/Corbis; 1: Marco Simoni/Robert Harding World Imagery/Getty Images; 2: Bryan & Cherry Alexander/Seapics.com; 4-5: Shutterstock; 8 (izquierda), 32 (abajo, derecha): Marc Chamberlain/Seapics.com; 6-7, 32 (arriba, derecha), 32 (al medio, derecha): Martin Walz; 8-9: Bill Curtsinger/National Geographic/Getty Images; 8 (izquierda recuadro), 14-15: Seth Resnick/Science Faction/Getty Images; 8 (abajo recuadro): Fritz Poelking/V&W/Seapics.com; 9 (arriba recuadro), 26 (arriba, izquierda): Shutterstock; 9 (derecha recuadro): Worldfoto/Alamy; 10-11, 14 (recuadro), 32 (abajo, izquierda): Paul Nicklen/National Geographic/Getty Images; 12: Jude Gibbons/Alamy; 13, 32 (arriba, izquierda): Martin Creasser/Alamy; 16, 32 (al medio, izquierda): Colin Monteath/Hedgehog House/Getty Images; 17: Kim Westerskov/Getty Images; 18: Maria Stenzel/Corbis; 19: blickwinkel/Lohmann/Alamy; 20, 22: DLILLC/Corbis; 21: Sue Flood/The Image Bank/Getty Images; 23: Graham Robertson/Minden Pictures; 24-25: Paul Souders/Photodisc/Getty Images; 26-29 (el fondo): Magenta/Alamy; 26 (arriba, al medio), 26 (abajo, derecha): Tui de Roy/Minden Pictures; 26 (arriba, derecha): Barry Bland/Nature Picture Library; 26 (abajo, izquierda): Kevin Schafer/Alamy; 27 (arriba, izquierda), 29 (arriba, izquierda): W. Perry Conway/Corbis; 27 (arriba, derecha): Rolf Hicker Photography/drr.net; 27 (abajo, izquierda): Sam Sarkis/Photographer's Choice/Getty Images; 27 (abajo, derecha): Zach Holmes/Alamy; 28 (arriba, izquierda): Konrad Wothe/Minden Pictures/Getty Images; 28: (arriba, derecha): Tom Brakefield/Photodisc/Getty Images; 28 (abajo, izquierda): Ingrid Visser/Seapics.com; 28 (abajo, derecha): T.J. Rich/Nature Picture Library; 29 (arriba, derecha): Naturephoto-Online/Alamy; 29 (abajo, izquierda): Photodisc/Alamy; 29 (abajo, derecha): Bryan & Cherry Alexander/Alamy; 30: Solvin Zankl/drr.net; 31 (arriba, izquierda): Andy Rouse/Corbis; 31 (abajo, izquierda): Darrell Gulin/Photographer's Choice/Getty Images; 31 (derecha): David Tipling/The Image Bank/Getty Images; 32 (abajo, derecha): Michael S. Nolan/Seapics.com

Impreso en los Estados Unidos de América
15/WOR/1

Tabla de contenidos

¿Qué son? 4

¿Dónde están? 6

No cualquier pájaro 8

¿Qué hay para cenar? 12

La vida en la tierra 16

Nace un polluelo 18

La marcha más larga 22

Desfile de pingüinos 26

Jugando como pingüino 30

Glosario 32

¿Qué son?

PINGÜINOS EMPERADORES

¿Qué pájaros no pueden volar?
¿Qué pájaros pasan el mayor
tiempo de sus vidas en el
océano pero no son peces?
¿Qué pájaros viven en el lugar más
frío del mundo—todo el año?

Nadan, marchan, se deslizan por
la nieve.

Son pingüinos.

PÁJARO-PALABRAS

ECUADOR: Una línea imaginaria de la Tierra a medio camino entre el Polo Norte y el Polo Sur.
COSTA: Donde la tierra se une con el agua.

Todos los pingüinos viven entre el ecuador y el Polo Sur. Algunos viven donde hace mucho frío. Otros viven en lugares más calurosos como las costas de África o Australia.

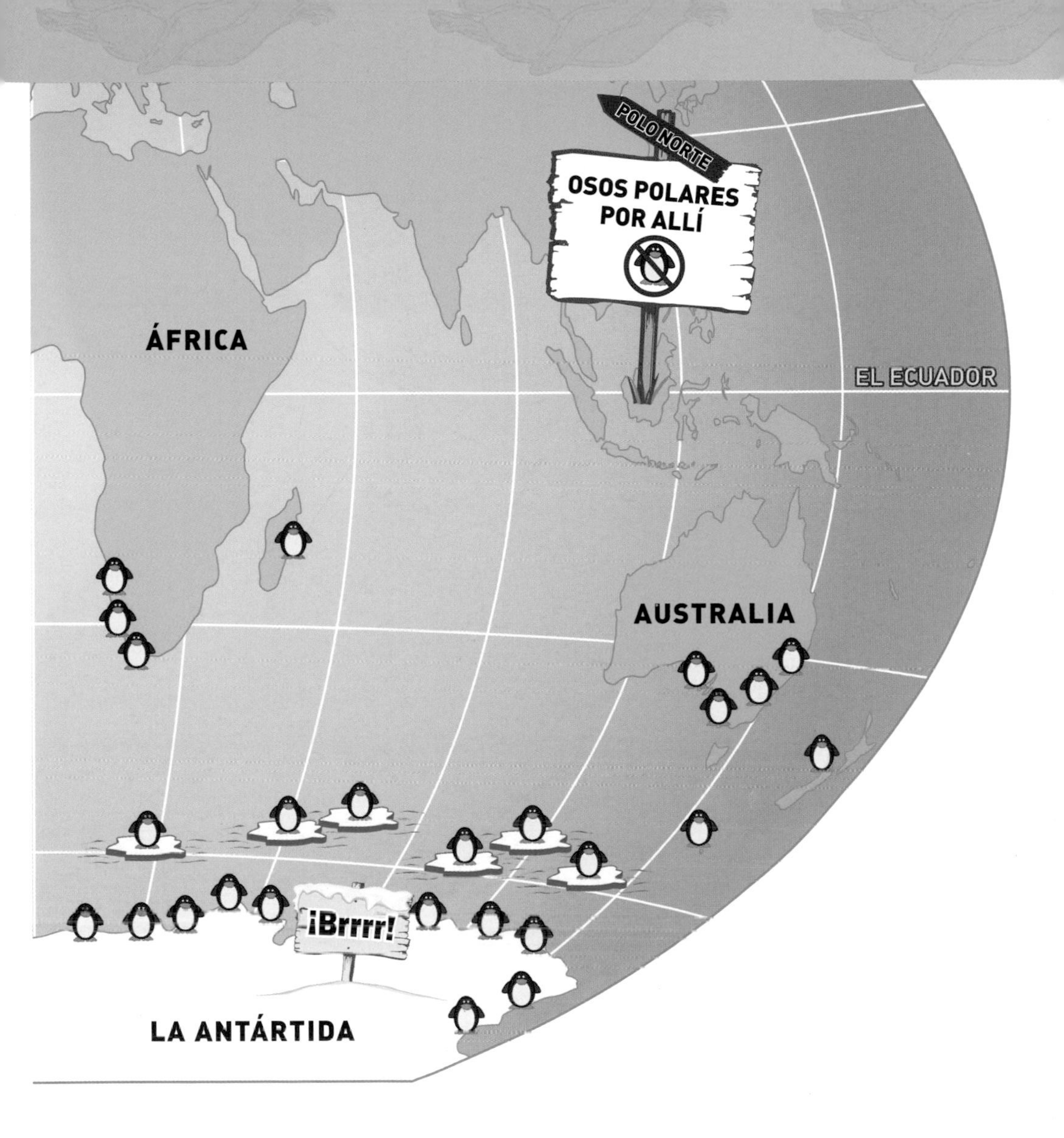

Los pingüinos viven en las islas, en las costas y hasta en los icebergs en el mar. Simplemente tienen que estar cerca del agua, porque pasan la mayor parte de sus vidas DENTRO del agua.

No cualquier pájaro

PINGÜINO EMPERADOR

Las patas grandes palmeadas para direccionar mejor.

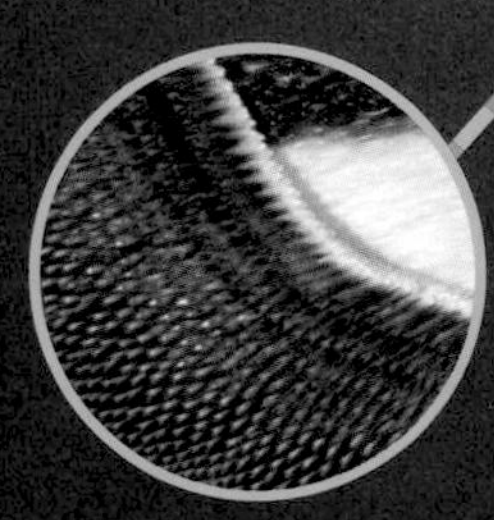

Las capas de plumas suaves atrapan el calor. Las plumas duras y aceitosas no dejan que pase el agua.

Los pingüinos son perfectos para la vida en el mar. Tienen un cuerpo aerodinámico que les da velocidad. Una capa de grasa los mantiene calentitos.

Las aletas duras funcionan como remos para empujar y direccionar.

Los ojos grandes para ver bajo el agua.

PALMEADO: Conectado con piel.

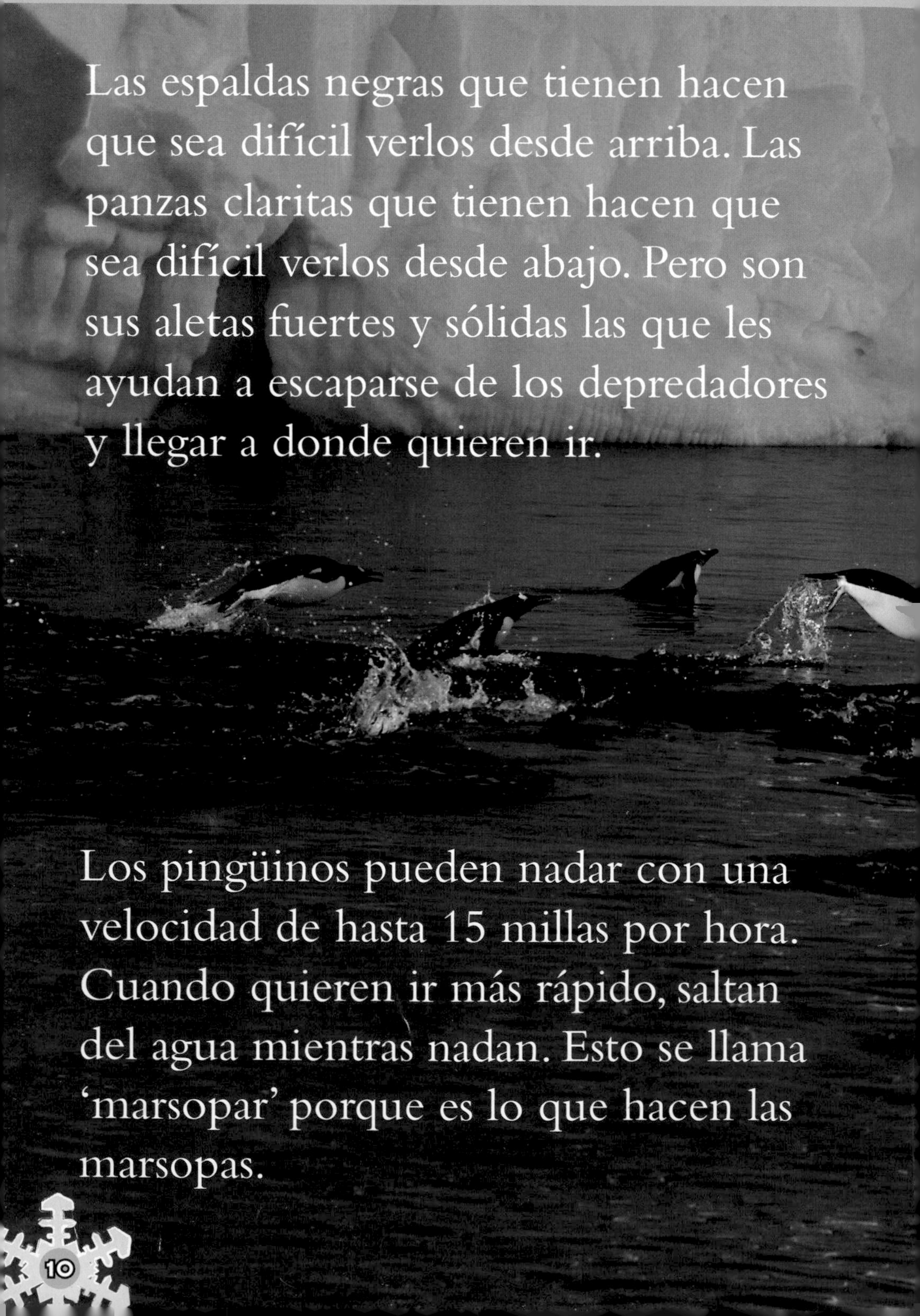

Las espaldas negras que tienen hacen que sea difícil verlos desde arriba. Las panzas claritas que tienen hacen que sea difícil verlos desde abajo. Pero son sus aletas fuertes y sólidas las que les ayudan a escaparse de los depredadores y llegar a donde quieren ir.

Los pingüinos pueden nadar con una velocidad de hasta 15 millas por hora. Cuando quieren ir más rápido, saltan del agua mientras nadan. Esto se llama 'marsopar' porque es lo que hacen las marsopas.

Un depredador es un animal que come a otros animales.

¿Qué hay para cenar?

PINGÜINO DE HUMBOLDT

P ¿Cuál es la comida favorita del pingüino?

R ¡Una iceberg-uesa!

¡La vida en el océano es *pezelicioso*! Los pingüinos comen muchos peces. Tienen un pico con gancho que les ayuda a agarrar la cena. Tienen púas en la lengua y en la garganta que les ayudan a sostener la comida resbalosa.

¿Te gustaría un vaso de agua salada con tu pescado? Los pingüinos pueden filtrar la sal del agua del mar. Ellos toman agua dulce y la sal cae al océano otra vez.

PÁJARO-PALABRAS

PÚA: Algo afilado con punta en forma de gancho.

PÁJARO-PALABRAS

MAMÍFEROS MARINOS: Tienen pelo y sus crías nacen vivas; a diferencia de otros mamíferos, pasan la mayor parte de su tiempo en el océano.

Mientras los pingüinos están cenando, tienen que tener cuidado de no terminar siendo la cena de otros. Los pingüinos son la comida preferida de los mamíferos marinos como las focas leopardo y las orcas.

PINGÜINOS GENTÚ Y UN PÁGALO

Los pingüinos también corren peligro en la tierra. Pájaros como el págalo, el águila australiano y el petrel gigante comen pingüinos. Hasta los gatos, las serpientes, los zorros y las ratas comen pingüinos cuando pueden.

La vida en la tierra

PINGÜINOS REYES

PÁJARO-PALABRAS

COLONIA: Un grupo de animales que viven juntos.

En la tierra, la mayoría de los pingüinos vive en una colonia grande con miles o hasta millones de otros pingüinos. Si hace frío, los pingüinos se juntan unos a otros. Hace tanto calor adentro del grupo que los pingüinos van rotando—unos se quedan en el medio y otros salen al borde para refrescarse.

GRUPO DE PINGÜINOS REYES

Los pingüinos marchan juntos hasta donde hacen sus nidos. Cuando llegan, saludan, pavonean, llaman, inclinan la cabeza, bailan y cantan para encontrar una pareja. La mayoría de los pingüinos están con su misma pareja por muchos años.

Nace un polluelo

POLLUELOS BARBIJOS

La mayoría de los pingüinos ponen dos huevos a la vez, pero muchas veces sólo sobrevive uno. La mamá y el papá se turnan para mantener al huevo caliente. Cuando nace, los padres aseguran que el polluelo esté calentito y bien alimentado.

POLLUELOS DE ADELIA

Después de unas semanas, cientos y hasta miles de polluelos esperan juntos mientras los padres vuelven al mar a buscar comida. Mientras esperan, hay peligro constante de los págalos, los águilas y otros animales.

POLLUELO REY

PINGÜINO GENTÚ DÁNDOLE DE COMER AL POLLUELO

Finalmente, los padres vuelven con comida. Tienen que encontrar a sus polluelos en una multitud de pingüinitos. ¿Cómo lo hacen? Los pingüinitos cantan canciones especiales para ayudar a sus padres a encontrarlos.

En unos meses, toda la familia vuelve al mar.

La marcha más larga

PINGÜINOS EMPERADORES

Para los pingüinos emperadores, llegar al lugar donde hacen sus nidos es muy difícil. Su casa es la Antártida—el lugar más frío del mundo.

Los pingüinos emperadores hacen sus nidos en lugares más alejados del océano que los otros pingüinos. Tienen que marchar por muchos días y muchas noches, con nieve y viento.

Después de poner el huevo, la hembra se lo da al macho. Él lo mantendrá caliente con la piel que está debajo de su estómago. A diferencia de otros pingüinos, el emperador macho cuida el huevo solito, mientras que la hembra vuelve al mar a buscar comida.

La mamá está ausente durante más de cuatro meses. El papá se junta con los otros pingüinos machos para mantenerse a él, y al huevo, seguros y calentitos. Durante este tiempo, el papá sólo come nieve.

Cuando la mamá llega en julio, el papá va rápido al océano a buscar comida. Para diciembre, toda la familia está lista para partir.

Desfile de pingüinos

Enano

ALTURA
16″

De las Galápagos

ALTURA
18″–21″

De las Snares

ALTURA
21″–25″

LOS MÁS PEQUEÑOS

Los pingüinos enanos cantan más que cualquier otro pingüino.

De Fiordland

ALTURA
24″

Crestudo

ALTURA
24″–26″

Hay 17 diferentes especies, o clases, de pingüinos.

Saltarrocas

ALTURA
21″–25″

De ojo amarillo

ALTURA
23″–30″

Estos pingüinos son los que gritan más fuerte. El sonido que hacen se parece al sonido del burro.

Africano

ALTURA
24″–28″

Patagónico

ALTURA
24″–28″

Macaroni

ALTURA
21″–26″

Real

ALTURA
24″–28″

Estos pingüinos son los que más rápido nadan.

Barbijo

ALTURA
27″

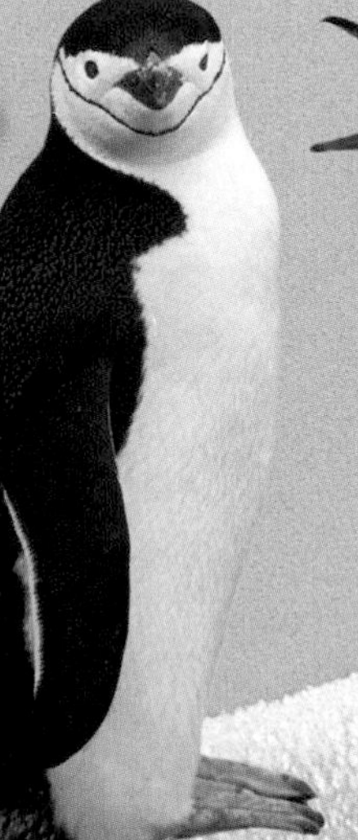

Gentú

ALTURA
27″–30″

Estos pingüinos no hacen un nido. Llevan los huevos con ellos a dondequiera que vayan.

Jugando como pingüino

SALTANDO: ¡Los Saltarrocas pueden saltar casi dos metros!

PINGÜINO SALTARROCA

La vida no siempre es fácil para los pingüinos. Pero por lo menos parece que se están divirtiendo.

CANTANDO: Los adultos cantan a sus parejas y los polluelos cantan a sus padres.

DESLIZANDO: Los pingüinos se deslizan por las pequeñas montañas de hielo usando las patas y la panza para llegar rápido a todos lados.

SURFEANDO: Los pingüinos hacen surf en las olas. A veces surfean del agua a la tierra.

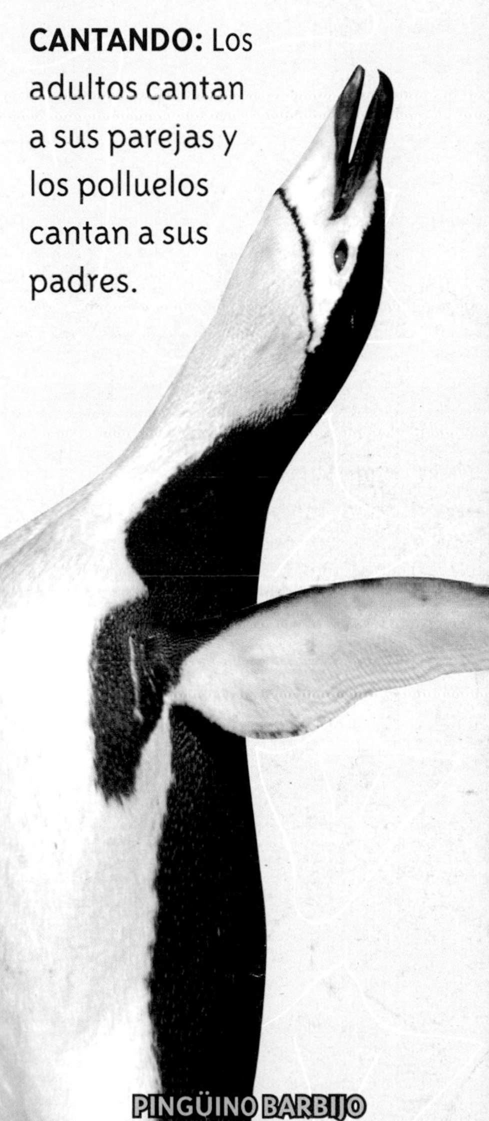

PÚA
Algo afilado con punta en forma de gancho.

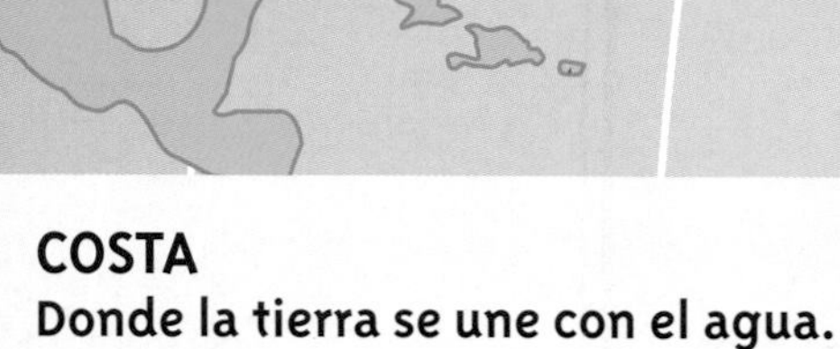

COSTA
Donde la tierra se une con el agua.

COLONIA
Un grupo de animales que viven juntos.

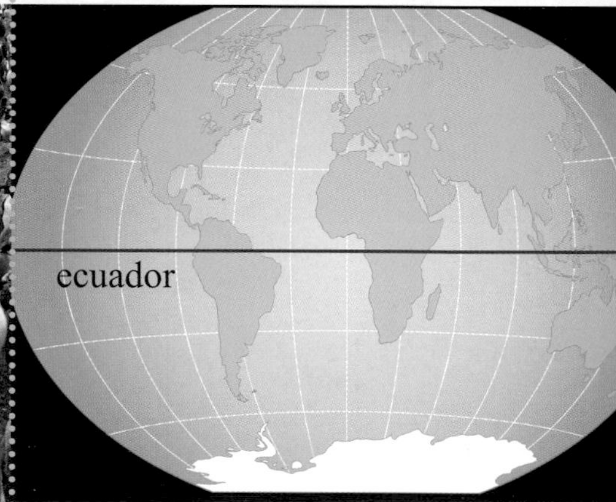

ECUADOR
Una línea imaginaria de la Tierra a medio camino entre el Polo Norte y el Polo Sur.

MAMÍFEROS MARINOS
Tienen pelo y sus crías nacen vivas; a diferencia de otros mamíferos, pasan la mayor parte de su tiempo en el océano.

PALMEADO
Conectado con piel.